Edition Schott

Oboe Library · Oboen-Bibliothek

Alessandro Marcello
1669 – 1747

Concerto

for Oboe, Strings and Basso continuo
für Oboe, Streicher und Basso continuo

D minor / d-Moll / Ré mineur

Edited by / Herausgegeben von
Hugo Ruf

Piano Reduction / Klavierauszug

OBB 32
ISMN 979-0-001-09877-9

www.schott-music.com

Mainz · London · Berlin · Madrid · New York · Paris · Prague · Tokyo · Toronto
© 1985 SCHOTT MUSIC GmbH & Co. KG, Mainz · Printed in Germany

Titelblatt (verkleinert) des im Jahre 1716 bei Jeanne Roger in Amsterdam erschienenen Drucks Nr. 432
(Exemplar der Sächsischen Landesbibliothek DDR Dresden),
in dem das vorliegende Konzert als *Concerto II del Sig. Alexandro Marcello* enthalten ist.

Vorbemerkung

Der vorliegende Klavierauszug zu Alessandro Marcellos Konzert für Oboe, Streicher und Basso continuo ergänzt unsere im Jahre 1963 in der Reihe ANTIQUA erschienene Ausgabe (ANT 74, Partitur und Stimmen). Anders als in der Partiturausgabe sind im Klavierauszug die von mir ergänzten Bögen gestrichelt wiedergegeben (⌐----⌐ statt ⌐⌐) und die originalen Bezeichnungen der Dynamik ausgeschrieben (*forte* statt *f*). Noten, die zur Continuoaussetzung gehören, sind durch etwas kleineren Druck kenntlich gemacht.
Johann Sebastian Bach hat Marcellos Oboenkonzert gekannt und, wie seine vermutlich ca. 1716/17 in Weimar entstandene Bearbeitung des Werks für Cembalo solo beweist, geschätzt. Den zweiten Satz aus Bachs Bearbeitung haben wir wegen der darin enthaltenen beispielhaften Verzierungen auf Seite 5 abgedruckt.

Hugo Ruf

Preface

This piano reduction of Alessandro Marcello's Concerto for Oboe, Strings and Continuo supplements our edition from the ANTIQUA series, published in 1963 (ANT 74, full score and parts). The piano reduction differs from the full score in that my additional bowing marks are rendered as broken lines (⌐----⌐ instead of ⌐⌐) and the original dynamic marks are written out in full (*forte* instead of *f*). Those notes which belong to the continuo part are indicated by the use of slightly smaller print.
Johann Sebastian Bach was familiar with Marcello's Oboe Concerto and, as may be gathered from his arrangement of the work for harpsichord solo, presumably made in Weimar in about 1716/17, he also held it in high regard. Because it provides such an excellent example of Bach's ornamentation, we have reproduced the second movement of his arrangement on page 5.

Hugo Ruf

Avant-Propos

Cette réduction pour piano du concerto pour hautbois, orchestre à cordes et basse continue de Alessandro Marcello complète notre édition de la partition d'orchestre et des parties séparées, parue en 1963 dans la collection ANTIQUA (ANT 74). J'ai toutefois remplacé les liaisons que j'avais ajoutées dans la partition d'orchestre (⌐⌐) par des liaisons en pointillés (⌐----⌐) dans la réduction pour piano. Les indications originales da dynamique ont été restituées dans leur intégralité (*forte* et non plus *f*). La réalisation de la basse continue est reconnaissable par un graphisme plus petit.
Jean-Sébastien Bach semble avoir non seulement connu mais aussi apprécié ce concerto pour hautbois de Marcello, comme en témoigne sa transcription pour clavecin seul, écrite vraisemblablement vers 1716/17 à Weimar. Nous avons reproduit en page 5 le second mouvement de cette transcription de Bach, en raison des ornements tout à fait exemplaires qu'il contient.

Hugo Ruf

Zweiter Satz des Konzertes in der Bearbeitung für Cembalo solo
von Johann Sebastian Bach (BWV 974).

Konzert

d-Moll / Ré mineur / D minor

Herausgegeben von
Hugo Ruf

Alessandro Marcello
1669 - 1747

I

Oboe

Konzert

d-Moll / Ré mineur / D minor

Herausgegeben von
Hugo Ruf

Alessandro Marcello
1669 - 1747

I

II

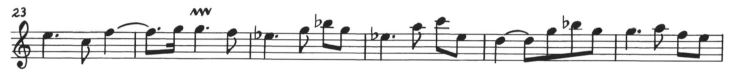

III

28

30

piano — *cresc.*

32

f — [⌇] — **1**

36

mf

38

40

p

42

cresc. *f* — ⌇ — **1**

46

piano — *cresc.*

49

f — **3**

54

mf — *cresc.*

57

f — [⌇] — **3**

II

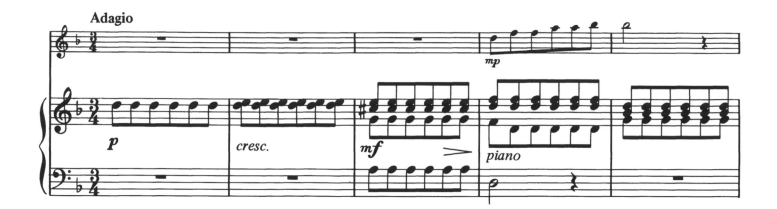

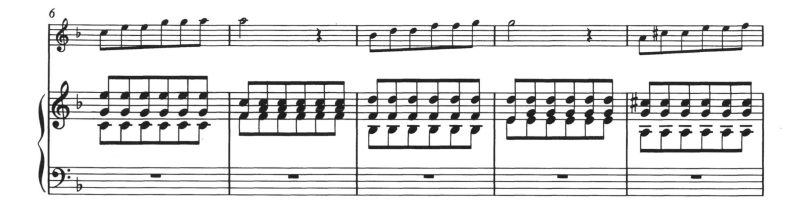

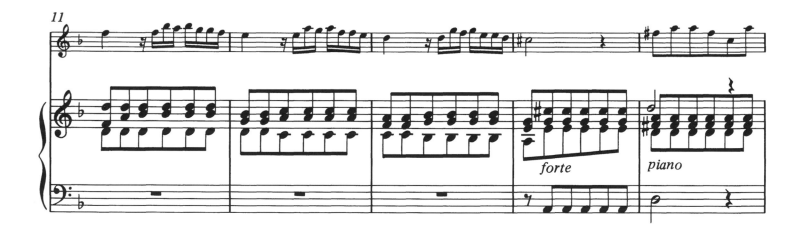

III